Richard Wall
Am Rande

Richard Wall

Am Rande

Gedichte

Rimbaud

I

Was ist los?
Die Hunde gebärden sich heute wie toll.

(Nicolas Born)

Fragen

Dort wo ich gehe
wachsen die Fragen
in den Himmel

Sie rühren wie Stangen
und lassen dem Gott
keine Ruhe.

April 2005

Fragment

An die Sinne geheftet
das Denken.

Welches Wort trifft
auf das Unbenannte
am Morgen

Läßt erstehen
eine neue Welt.

13. 1. 2002

Im Morgenkopf

Im Morgenkopf
wächst erst langsam
wieder zusammen
was gestern
vor dem Einschlafen
schon Einheit war.

30. 11. 1999

Hommage à Descartes

für Helmuth Schönauer

Der Körper
    ist ein seltsamer Ort

Auch die Spannung des Fleisches
    durchzieht den Geist

Sie birgt etwas
    das man in Büchern nicht findet.

Okt. 93/Dez. 99

Anmerkung: Descartes zeigte dem Mediziner Sorbières ein Kalb in seinem Hinterhof und sagte: «Das ist meine ganze Bibliothek.»

Erntedank

Blindgekatzelt und scharf eingepökelt ...

Gegen die Kupferdächer der Kirchtürme
    hämmert eine rostige Sichel

Himmelsdrüsen an den Hochaltären
    schwitzen rotes Blinklicht

Unterm Unterrock der Marketenderin
    haust ein Geheimnis

Am Leckstein hängen zwei Jäger mit zwei-
    geteilten weißen Spiegeln

Und gieren nach nackten Trophäen.

1990/Dez. 1999

Lebensweg

1
Für die gesprochene Silbe den Bruchteil einer Sekunde.
Für jeden Vers eine halbe Stunde.

2
Arbeit ohne Ende.
Und trotzdem leere Hände.

3
Schreiten durch Heiten.
Und im Kreis durch Keiten.

4
Eigensinn o tief'rer Sinn
ich Spinne wie auch Fliege bin.

6. 5. 2000

Selbstbefragung oder red' nicht so einen Stiefel

Mit dem Täglich-Alles-Schmalz
das Leder meiner Stiefel gefettet
nun sehen sie aus wie diese erleichtert
aufatmende Gesellschaft nach 20 Uhr 15
aber hab' ich's nötig der Vera eine
zu wurzen peu à peu wahnsinnig
zu werden und der Stöckl einen Stifter
oder einen de Sade zu schenken

Um auf vollkommenes Unverständnis zu stoßen
das sehe ich jetzt schon voraus und überhaupt
aus diesem Alter solltest du langsam
heraus sein und das Vorhandene genießen
meint meine Liebste aber ich schlage
all diese Ratschläge in den feuchten Westwind
steige keinen Deut herunter von meinen Stiefeln
frisch gefettet lebe starrköpfig weiter verdrossen.

6. Mai 2000

Anmerkung: «Vera», «Stöckl»: Österreichische Fernsehmoderatorinnen

Toter Dichter

Bekam mit zwölf oder dreizehn
einen eisenbereiften Eisstock
aus Birnenholz gegen die Stirn
hielt mich daraufhin für Tecumseh
den Zum-Sprung-sich-duckenden-Berglöwen
und kroch auf allen Vieren durchs Unterholz
Bündnisse knüpfend um der Übermacht
der Bleichgesichter zu begegnen.

Seit damals bin ich Dichter
Heimatdichter wenn Sie wollen
und ich sage dies nicht ohne Stolz
sehr geehrte Damen und Herren
denn so eine marginalisierte Existenz
ohne Chance auf ein Drehbuch und Bestsellerehren
unterscheidet sich gründlich von Ihrer
sehr geehrte Damen und Herren.

Obwohl ich sollte mich nicht versteigen
wie kann ich stolz sein auf einen Zustand
für den ich nichts dafür kann
sondern lieber bleiben auf allen Vieren
leben wie ein Indianer tapfer
eisenarmierten Sportgeräten weiterhin die Stirn bieten
und im Grunde mich mit dem alten Satz bescheiden
: Nur ein toter Dichter ist ein guter Indianer.

Jänner 2000

Sie rappen um die Wette

Und ich versteh nichts ... gehör' also
auch schon zu den alten Deppen

Tatsächlich, dauernd suche ich
nach einer von meinen drei Brillen

Die neueste habe ich mit einem
Stoß Altpapier weggeworfen

Ja ja, halb taub halb blind
feste Nahrung aber

vertrag' ich noch.

14. Aug. 2004

Form follows fun

für Zdeněk Macků

Nußknacker, amerikanisches Design,
an Handschellen erinnernd,
gesehen im Laden *«Goldener Schuß»*.
– «Hands up!», rief das Ding
dem Betrachter zu,
durchs Schaufenster,
unverblümt.

(Genau diese Realität
hat mir noch gefehlt in meinen Gedichten,
ich liebe Dinge, in denen sich ohne Umschweife
Charakter, Bewußtsein und Vorlieben ihrer Schöpfer
manifestieren.

Was aber nicht heißen soll, daß sich für jede Form
und für jede rätselhafte Verbindung
zwischen Ding und Wort
eine ausreichende Erklärung anbietet).

25. 10. 2002

Bilderreigen wild geschnitten

Der Schlaf ist ein Haus
aus Glas, das durchdringen
mit leichter Hand ungeahnte Bilderreigen
die dir den Schweiß aus allen Poren treiben.

Ja sogar Filme, verrückte
projiziert dir jemand ins Oberstübchen
wild geschnitten
kostenlos.

18. Jänner 2004

Fingerzeig

Der Zeiger Finger
      ruckt und schnarrt
rundum
und tickt
und pickt
    an Leber, Nieren, Herz und Muskelfleisch
und tickt
und tickt
und tickt
      dich um.

25. 10. 2003

Nachdem

Nachdem ich NACHDEM ICH
geschrieben hatte schrieb ich
DIE NACHT ZU ENDE
GEDACHT HATTE was
falsch war ZU ENDE GEBRACHT
sollte es heißen danach
verbiß ich mich in andere Möglichkeiten
dem Frühstück beispielsweise
und in andere Nichtigkeiten
denn in Anbetracht des Morgenlichts
das mir einen weiteren Arbeitstag
bescherte kann *eine* Schale Kaffee
nur schal schmecken also *zwei*
woher die Stimme die eben sagte
woher dieser Lufthauch
                nachdem ich

weiter weiter sagte ich mir
danach schrieb ich
WAR DIE MORGENSEELE
ZU ALLEM BEREIT.

14. Mai 2000

Gedicht nach dem Objekt «Vitrine mit Kartoffelkraut und Fluxusstaubbild» von Josepf Beuys

Ein Kartoffelkraut Gehirn- und Rinden-
konvex einer altersgrauen Eiche
also deutsch wie Beuys
auch der erigierte Rinderknochen
mit dem Blei-Stift-Klumpen
im Mark
frei von jeder Vorhaut also
vor jeder Vorhut war er der Filz- und
Fett-Fetischist Avantgarde
und abgeschossener Wehrmachtssoldat
frierend verlassen in einsamer Öde
die sich einige als Lebensraum vorstellten
auf tönernen Füßen oder Lebenstraum
ähnlich dieser Vitrine
einst also ein von Schamanen gerettetes
Häuflein Elend eingefettet und eingewickelt
auf einem Schlitten ohne Taschenlampe
dann selbst also Schamane Bäume
pflanzender Sozialplastiker
als solcher
im Kunstbetrieb fest verankert
wie eine Boje fabelhaft
ein Verrückter sagten die einen
also belebt den Hutabsatz sagten die anderen
und einige kauften sich
Anglerjacken füllten ihre Taschen
mit Blei Schwimmer aus Kork und Plexiglas
Widerhaken und künstliche Fliegen also
für den Alltag im Kunstbetrieb
unentbehrliches Inventar dachten sie
Eintrittsgeld Abbild Obulus

so wie das Kartoffelkraut
aufschlußreiche Einsichten vermittelt
in die Gehirnstruktur des Menschen
und der Staub des Bildes also
stets an die Vergänglichkeit erinnert
denn alles ist Fluxus
und im Handumdrehen also ist es

Futsch das Leben.

München, Haus der Kunst, 7. Mai 2001

Vom Entstehen und Verschwinden

Daß das Universum
durch einen Urknall entstand
ist weithin bekannt

(Die Tatsache, daß auch jedes neue Jahr
durch Knallerei entsteht
hat dieser Theorie offensichtlich
zum Durchbruch verholfen.)

Daß das mediale und virtuelle Uniperversum
per Krach oder Knall eines Tages
VERSCHWINDET
ist zwar keine Theorie
aber eine schöne Vorstellung.

Mai 2000

Inventur

Trotz besänftigender Kneterei verhärtet sich der Rücken.
Stellenweise Haarausfall, trotz Griff zum Kamm und Spalterei
nimmt zu die Anzahl und der Radius der Lücken.
Die Welt verschwimmt, das Aug' beschert nur noch Gebrei.

Licht solarisiert die Dorfkulisse, projiziert das Friedhofstor
als Bogen des Triumphes in den Feierabendhimmel
während jenes Lachen, das erst wärmte dann gefror
als Narrenkappe überm tauben Schädel bimmelt.

Was verhilft der grauen Masse, stirnverdunkelt
zu schärferen und tieferen Engrammen? Sowie zu sieben
Leben? In den siebten Himmel, wie man munkelt

Verhilfst du mir – wenn wir dereinst uns wieder lieben.
Hab ich demnächst verblödet ausgeschunkelt
möchte' ich lieber gar nicht wissen was geblieben.

Bad Großpertholz, 24. Oktober 2003

Marktlage

Ja, buntgewichste Scheiße am bedruckten Güllefaß lockt an
die Produzenten, der Markt der spielt sich frei, wirft Schatten
weiß wie Schnee, Marktlücken, brachiale, blühen auf an
Bankfassaden, dahinter Zinsen, fette, die Gewaschenes begatten.

Ja, ein Schoß aus Blüten, viel Papier bedruckt, sei unser Ziel
Quiz was? Nur größter Quatsch erhöht den Quotenstand
durch dessen Sieb geschöpft nur netter Schwachsinn fiel
der ausgereift als Quargelgeist in irgendeiner Gruft verschwand.

Hand aufs Herz: Wie konnte nur der aufgeblasne Götze unerkannt
die ganze Sippschaft, mit Erfolg auch Theologen narren?
So fluche ich prophetenhaft mich auf und ab durch Wüstensand

Durch den ohnehin, ruinengleich und ungeölt, die Wörter knarren.
Wo Gesang abdankt hat nur Sirenenton Bestand:
Der Karren, beäugt von Kameras, ist täglich voll mit neuen Narren.

Oktober 2003

Zur Dialektik nützlich: nutzlos

Wie Alexander Kutzenow
stecke ich meine Manuskripte
in Einmachgläser
versiegle sie
und vergrabe sie nachts
in meinem Garten

Jene Welt, die sich täglich
die Dichter erschaffen
kommt leicht unter die Räder
der Tüchtigen, die aber, immerhin
auch mit der Produktion
von Einmachgläsern beschäftigt sind.

21. 5. 2003

Mensch

Mag sein, uns fehlt
noch etwas
das aus dem Rückgrat
zu wandern begann
vor Millionen von Jahren
und noch nicht angekommen ist
im flockigen Grau des Gehirns.

Juni 2003

Zugleich

Nach wenigen Schlägen, vertraut mit
Meißel und Fäustel, ergibt sich die
Arbeit, ihr Verlauf, wie von selbst.

Der Takt der Schläge, die Bewegung
der Hände, mit dem Atem in Ein-
klang, zerstört und baut Neues zugleich.

26. 5. 2005

Am Bauch liegend

Am Bauch liegend
    machst du dich selber
        zur Schnecke

Am Rücken
    drei Kreuze
so kriechst du
    weil dir die Schritte zerbrachen
zur Tränke
    mit dem Essigschwamm
in Augenhöhe

Nur das Gras
    das unter deinem vorgeschobenen
Kinn zu Boden geht
        spürt deinen

                Atem

Juni 2005

II

Die einer Heimat breit im Schoße sitzen,
sie sind's nicht, die sie lieben allermeist.

(Wilhelm Szabo)

Bedeutend das Unbedeutende

Wer sieht vom Küchenfenster aus
Reiher fliegen?
Über die Dächer der schnellen
Bleche hinweg?

Die Dörfler sind
in den Städten gelandet.
In den Zentralen
summen die Rechner.

Das binäre Räderwerk
zermalmt das Wahrgenommene
: Das gefrorene Eis in der Tränke
: Das Gipsei im Hühnerstall
: Die Horde grinsender Gartenzwerge
in Nachbars Garten.

Da ist ein Regen
der die Wahrnehmung trübt
Proportionen verzerrt
Verhältnisse.

Erspart euch den Nachruf
wenn ich vor die Hunde gehe
aus denen ich mir nie etwas gemacht habe.
Noch aber
kreuzt
ein Reiher den First.
Und ich weiß
wo er landet.

30. November 2001

Für Christian Loidl, am 16. Dez. 2001 in Wien verstorben.

Eros und Gaspedal

Der Hahn krähte
und die aufkommenden Bewegungen
auf dem Autodrom –
sichtbare Zeichen unserer Geschäftigkeit –
fielen zusammen
mit der Nutzung von Strom
für die Zubereitung von Kaffee. Behaglichkeit
ging vom Küchenherd aus
verlockte zu einem abwägenden Blick
durch das Fenster hinaus
auf das vom Graulicht belegte Land
über das plötzlich ein Traktor raste.
Der Nachbar mit den traurigen Augen
saß am Steuer, der über das durchgedrückte
Gaspedal nach Liebe schrie.

19. Jänner 2002

Landschaft

gewidmet meinen böhmischen Ahnen

Durch die Fenster
tritt ein die Landschaft.
Schnee leuchtet in der
dämmrigen Stube wie
ein Meer aus weißem Licht.

Im Gespinst der Bäume
die uns noch dulden
sitzen schwarze Vögel
flattern auf wenn ich
die Hand wende zum Abflug
in die herzynischen Wälder.

Wer dort hat gelebt
sprach mit Ochs und Pferd
strich Milch aus den Zitzen
von Kühen und Ziegen
buk Brot und butterte.
Es roch nach Heu und Stroh

Und nach dem was die Tiere
in ihm hinterließen.

Jänner 2002

Nebenerwerb

Das Dröhnen des Dieselmotors
dringt immer verbissener
vom Feld herüber
um fünf Uhr früh
als es hell wird
am Horizont im Osten

Der Tee ist aufgebrüht
als der Nachbar
heimfährt mit geröteten Augen
überm Asphalt wippt der Wendepflug
und von der blanken Schar
bröckelt Müdigkeit

Tropft weißes Licht.

12. August 2000

Junggesellenmaschinerie

Zwischen Hof und Dorf
diese Randkluft
aus Trübsinn und Vereinsamung
die bei Vollmond Junggesellen
rasend nach Liebe
in ihren schweren Wägen überbrücken

Vor zwei oder drei Generationen
als Burschen und Mädchen
noch auf den Tennen schwitzten
mit Stroh raschelten
waren noch Deichsel und Wagen
am Himmel

Der Fluß der Zeit
riß die Sterne mit sich
die Strohpuppen und Stuten

Es begannen die langen Nächte
der vergeblich freienden Männer:
Sie schmelzen Blei aus der Schwere
ihrer Glieder, um sich einmal im Jahr
in eine leichtere Zukunft zu retten.

15. Aug. 2004

Am Rand der Regentonne

Am Rand der Regentonne
drückte ich auf die kreisrunde Eisplatte
bis Wasser in die Schüssel schwappte.

Ich rieb die fetten Milchränder
mit einer Bürste, spürte die Temperatur
des Eises durch das Wasser
das jetzt nach ranziger Milch roch
und kippte die Brühe
auf eine Schneekruste neben der Gred
in der sie zischend verschwand.

Drüben, unter dem Rundbogen eines Apfelbaumastes
stand der Seher des Dorfes, mit dem Rücken
zu mir, auf einer aperen Fläche
die zur windverschobenen Holzhütte führt.
Hühner pickten sich neben ihm durch eine Mischung
aus fauligem Laub und braundurchwirktem Grün, und
er blickte nach Westen, in ein eisgraues Schild
aus Wolken, auf einen Horizont, wo Rauch qualmte –
jemand heizt ein mit staubigem Reisig, dachte ich –
plötzlich duckte er sich, krümmte den Oberkörper
nach links, um den Blickwinkel zu verändern
so verharrte er noch, stumm und spähend
als ich längst die Schüssel mit frischer Milch gefüllt
und die Katzen sich um meine Beine drängten.

14. 2. 2004

Anmerkung: Gred, *mit Steinplatten gepflasterter Steig, aus mhd. grêde, Stufe oder Treppe.*

Der Papst bereitet die nächste Seligsprechung vor

Sonnenstürme rasen auf die Erde zu
und Magnetfelder konfigurieren sich neu.
Nächtens fällt der Schatten der Erde
auf den Mond. Wohin mit dem Bohnenstroh?
frage ich mich, mit der Heugabel in der Hand,
wohin mit dem gelben Plastikbreitband
mit der Aufschrift ACHTUNG STROMKABEL?

Der Nachbar hat einen Anfall, liegt in der
Stube am verdreckten Boden unterm
Hochzeitsbild seiner längst verstorbenen Eltern
und pißt auf den Fleckerlteppich bei laufendem
Fernseher: DER PAPST BEREITET DIE NÄCHSTE
SELIGSPRECHUNG VOR, wird verlautet.
Was geht nicht alles Hand in Hand

Auch wenn die Hände schon zittern.

31. Oktober 2003

Späte Gespräche

Da ist einer, der liegt
auf der Lauer, mit beiden
Beinen auf dem Lehmboden,
wo seine Vorfahren die
handgeschlagenen Ziegel
brannten, den Oberkörper
waagrecht über den Boden
gebeugt, die Hände gefaltet
über dem oberen Ende
des stützenden Stockes, die
Augen im Schatten der Krempe
blickt er in Räume aus sich
bewegenden Gestalten, die
kennt er von früher, als sie
nichts von ihm hören wollten.
Nun sind diese stumm
und *er* re det und re det.

22. Juni 2003

Abgang

Als wolle mich die Landschaft trösten,
der Anblick einer mausenden Katze im Feld
und einer aus dem Donaunebel auftauchenden
Möwe im driftenden Grau, das mit der helleren Hälfte
des Himmels um den Luftraum streitet, und über den Boden
gehend ein Landmann, den Rain entlang, er geht, als ginge er
aus Freude am Gehen, sein Weg verläuft parallel zur Drahtlinie,
die in der Morgensonne brennt und eine Weide begrenzt, kein
Vieh weit und breit, aber er geht und geht der teilenden
Linie entlang, mit dem Rücken zum Dorf, zur Straße,
hinein in die, so scheint es, bis zum Zenit sich
aufbauende, jede Form verschluckende
Nebelwand.

9. Oktober 2002

Wider die abendländische Vergeßlichkeit

für Klaus Gasseleder

In Sand aus einem frischgebohrten Brunnen
habe ich die Steine gelegt, von Stockrosen
flankiert, Schatten einer Erinnerung, wie sie
auch dieser sackgroße Kiesel aus Granit
abgeben könnte, Strandgut der Thetis,
der aus der Tiefe geholt, fahl im Sonnenlicht
mit seinem Quarzanteil prahlt, zart wie die
sprichwörtliche Pfirsichhaut lichtscheuer
Besonderheiten auf zwei Beinen, wie sie
durch viktorianische Romane geistern.

Doch eine Blickänderung genügt und
rückt den Ballast vergangener Jahrtausende
zurecht – falls er die Gehirne erreicht, denn
wer blind für die Rotation des Chlorophylls
durch einen Garten tappt, den soll das nächste Mal,
wenn er «Wahrnehmung» sagt, Newtons Apfel
treffen aus der Firsthöhe meines Hühnerstalls.
Zukunft gibt es nicht. Eingeschlossen
in unsere Gedanken und Handlungen
wird jeder Reiz, jedes Augenmerk zum Fossil –
kategorisierter Ablagerungsstaub für die
Setzkästen abendländischer Vergeßlichkeit.

Juli 2004

Au

Im feuchten Aushub, dem aus der Tiefe
geholten Gedächtnis einer Landschaft,
neben dem metallglatten Abdruck dreier
Baggerzähne, stießen wir, die wühlenden
Finger mit schiefergrauem Schlick verschmiert,
auf schwarzes bröckelndes Zeug, als hätte
Feuer daran genagt in sieben Metern Tiefe:
Erstickte Pflanzen, einstiger Uferbewuchs
einer sich stetig wandelnden Landschaft
unter der Herrschaft zweier benachbarter
Flüsse, die dem von Überschwemmung
bedrohten Dorf zu seinem Namen verhalf –
einem einsilbigen Aufschrei gleich.
Spuren einstiger Behausungen oder
Geräte fehlten zur Gänze. Nur Schlamm
türmte sich, Lehm und Schotter, und die
beiden Flüsse, eingeengt in der abgeflachten
Talsohle von exakt vermessenen, je nach
Frucht reichlich mit chemischen Substanzen
gedüngten und besprühten Feldern, fließen,
allmählich sich nähernd, den fels- und flins-
durchsetzten Flanken eines Hügels entlang,
um sich dann zu vereinigen unterm erhöht
liegenden Schloß, dessen Gewölbe die ältesten
sind in dieser Gegend, deren Geschichte,
wie auch andernorts, keinen Sinn ergibt:
Ein ständiges Umgraben und Umwälzen,
ein ständiges Einengen des frei Fließenden
unter dieser und jener Herrschaft …
Was bleibt, sind bröckelnde Fossilien,
brennende Buchstaben in den Herzen weniger
und ein großes, gleich einer Weinbergschnecke

über die Landschaft kriechendes Omega,
beschmiert mit Schlamm Blut und Ruß,
ratlos auf der Suche nach einem längst in
einem ächzenden Meer versunkenen Alpha.

Juni 2003

Vermächtnis und Wegerecht

für Xaver Remsing

Diese Hügel mit dem brüchigen Flins, mit den
Berberitzen in den gegen Süden geneigten
Hängen, sie sind in ihm, haben sich an ihn gewöhnt
an seine spontanen Aufbrüche, Wanderungen
auf alten Kirtagsteigen, die verschwunden sind unterm
Pflug, unter der Gier, auf Pfaden, die zuwachsen
unter Pflanzungen, die Ausdruck sind von Rentabilität
und Bequemlichkeit, einer berechneten Äquivalenz
zwischen Aufwand und Erfolg. Aber er nützt das alte
Wegerecht, man kann ihm nicht an mit dem papiernen
Gesetz, hartnäckig mißachtet er, mit Klumpen
von Lehm an den Schuhen, umgeackerte
Feldraine, schlägt er mit seinem knotigen
Schwarzdornstock eine Bresche durchs Dickicht
und durch die frisch gesetzten Monokulturen.

Und sollten sie mit der Wasserwaage alle
Gräben, den Schoß aller Mulden einebnen, die
fließenden Formen zerstören mit Parzellierung
Richtschnur und rechtem Winkel, alle Rinnsale
verrohren in ihrem Drang nach Zerstörung:
Er hat sie noch in sich, in Fleisch und Blut so wie
alles aus der Kindheit herüber Gerettete
wie seine rote Pullmanmütze, die er trug
als er mit drei, nicht größer als der Hahn, unter
den Hühnern stand, fütternd, und wie er in diesem
Farbenspiel aufging, sich kaum abhob von ihnen,
noch heute, sagen sie, leuchtet seine Narrenkappe
wie ein Hahnenkamm über den Feldern: «Meine

Hügel!», ruft er, «o laßt euch nicht eure Kuppen
asphaltieren, ich vertraue auf die Sprengkraft

Eurer Fröste, auf die Wurzeln eurer Föhren
und der eruptiven Hitze im Fels!», ruft er
in den Wind, eine vergebliche Geste, ein
verzweifelter Akt, auch er erkennt das Unwiderrufliche, die Gewißheit, das alles sich ändert,
daß es keinen Trost gibt außer dieses Gehen,
jeden Tag
       und in dieser Erde sein Ende.

12. Mai 1999

Der alte Hof

Dort, im Tor, ist noch das Hühnerloch
durch das ich kroch
als Kind, auf allen Vieren. *Spitzbub!* rief er
als nach Hause kam der alte *Vöder*.
Und warf das Distelstecherholz
als wär's ein Speer nach mir.

Nun steht er leer
der Hof, das Flammenrot
im Bild vom Florian ist längst verblaßt.
Gestorben längst der Alte, auch sein Sohn.
Und seine Tochter dämmert blind
im Altersheim dahin.

Das Dach hängt wie ein dünnes Tuch
auf einem nackt Gerippe.
Von Spinnen grau verwebt die Fenster.
Verdreckt und trüb das Glas und blind.

Durch die von Sonne und von Wind
gebeizte Bretterwand der leergeräumten Scheune
kriecht die Maus und pfeift der Wind.
Das Gallenharz hat ausgetropft
zu Bernstein unterm Astloch sich verdickt.

Für den Hof, der mich so rührt,
um den noch eine Katze streunt
hat niemand ein Gespür
wird weggeschoben, diese Rattenburg
sagt der Mann der Enkelin.
Im Stall die Säulen, die geschnitzte ob're Tür
das Torgewände aus Granit verkaufen wir.

28. Februar 2005

Exit Engerwitzdorf

Dünne Cirrusschleier, gerippt und verdichtet
vom Strahlenparallel der Kondensstreifen, filtern
und streuen zugleich Licht über die Siedlung,
die Gärten der Häuser und Fluren der Höfe.
Dereinst Bauernland, derzeit Aufmarschgebiet
für Planierraupen, Betonmischer und Bagger.
Das Land, das Getreide lieferte über Jahrhunderte,
Zugtiere, Herrschaft und Untertanen nährte
wird zurechtgeschoben, für das «Leben im Grünen»,
für Autobahnrastplätze, einen schnellen Fick oder
Einkauf, für Auf- und Abfahrten, fürs schnelle Abhauen
und kurze Heimspiel, für einen noch schnelleren
Transport von Menschen und Waren –
der Ware Mensch. Gewalt, die hier eingreift,
will die Geschichte löschen, die Erinnerung –
und zerstückelt mit der Landschaft unsere Leben.
Die letzten, die hier geboren und blieben,
schwärmen am Friedhof wie aufgescheuchte Krähen
über ihrer Zukunft aus vorausbezahlten Gräbern.

Jänner 2005

Gott ist dieses Ungeheuer Lärm

Ein Doppelband schmutziger Traktor-
spuren schnürt zu den Futterballen

Die geglätteten Scheitel aus luftdichter
Plastikhaut spiegeln das Abendlicht

Gemolken aus den entzündeten Rändern
der im Gegenwind verharrenden Wolken

Am Horizont, gegen Sonnen-
untergang, brennt ein Dornbusch – .

Gott ist dieses Ungeheuer Lärm, herüber-
geweht von der nahen Autobahn.

9. März 2003

Rauchsäulen, Raben

Er heizte ein und verstand
seine Vorfahren: Die Rauchsäule trug
das Haus in der kalten Jahreszeit, trug
Hoffnungen und den Wetterumschwung
in sich, und die Sonne war das freundliche
Gesicht, dessen Verblassen man ängstlich
beobachtete, oder ein brennendes Rad
dem man folgte in die Gefilde der Seligen,
die ein besseres Leben versprachen.

Auf welche Säulen bauen wir heute?
Cipollino de Saion? Cipollata? Gattamelata?
Taugen die Monumente der Zwielichtigen,
die viele für Helden halten, zur Orientierung?
Ist nicht längst alles gleich gültig?
Immerhin, die Sonne ist ein guter Vorwand
für Sonnencreme. Sonst noch etwas? Ach ja,
Raben lieben wir als Geheimnisträger.
Je schwärzer desto besser.

1. 12. 2004

Die Kälte aufrecht halten

Die Spinne verwebt das verbliebene Werkzeug der Väter.
Überm Motormäher schwebt noch immer die Sense
und ihre Zeit. Es riecht nach Benzin und Mäusekot
nach Kalkanstrich und unvollendeter Herbstarbeit.

Die Hühner scharren im freigewordenen Dreck.
Schneereste – ein verstreutes bilderloses Puzzle –
halten das Grün bedeckt.

Noch eh er begann, eher schlecht als recht
hat uns der Winter verlassen.
Nur über die tägliche Ration Schnaps
halte ich noch die Kälte aufrecht.

15. 1. 2004

Piranesi strichelt an der Gusen

für Gabriele und Christoph Raffetseder

Piranesi strichelt
Stangenholz und Strauchwerk
Schilf und Springkraut.
In der Uferböschung sitzt er
im Rücken eine Halde
zertrümmerter Kachelöfen:
Die schlug man
aus den Stuben der Höfe
als die Möbel
der Ahnen brannten.
Die kalten Kacheln reizen
seinen wärmegewohnten Rücken
Dunst steigt auf, Nebel
hüllt ihn ein, niemand
sieht ihn, er ist unsichtbar
doch ich weiß
er strichelt und strichelt sich
unermüdlich flußaufwärts
durch den verfilzten
Uferbewuchs der Gusen.

25. 11. 2003

Alles Sense

Mit verdreckten Schuhen, gutgeschnürten, stiefelte ich
bergwärts, vorbei an Teich und Kreuz, querte einen Schienenstrang
geriet in ein Dorf, entvölkert nahezu, in dem strich
eine Alte mit dem Wetzstein über ein rostiges Sensenblatt, dazu sang

Der Alte im Schurz, barhäuptig, um Luft ringend, ein Lied von Robot
Banntaiding, Forsthennen sowie vom Weinfuhrpfenning.
Und vom Galgenerrichten, bei dem man, mit gesenktem Kopf, gelobt
hat Gehorsam Treue, und Veränderung erlebt hat zu wenig.

Ich hörte zu und nickte, fragte dann nach dem Weg
wartete geduldig, bis der Alte antwortete: Hör zu, es gibt hier keinen
außer jenen, der über die Schneid dieser Sense geht …

Ich ergriff die Sense, um ihr schartiges Blatt zu vereinen
mit dem gezackten Waldhorizont, und sprengte, wie geschrieben steht
hinein in den Hohlweg, krachend, um für sie als Aufruhr zu keimen.

Waldviertel, 21. 10. 2003

Martin Laimbauer

für Gertrude und Rupert Huber

Aus der Gusen stiegen Kälte
und langbeinige Nebel. Nicht
das Rauschen von der Autobahn
war zu hören, sondern das der
Mühlräder und Wehren. Und alles
war älter als die alten Bewohner,
die vor nichts zurückschreckten

in ihrer nackten Verzweiflung.
Gegen Fron und zynische
Knechtschaft sammelten sie sich,
zehn Jahre nach dem verlorenen
Krieg, noch immer hoffend,
um den lichten Prediger
und seine weiße Fahne.

Es kam, wie Landeshauptmann
und Starhemberger wollten:
Erschlagen und erschossen hing man
die Rebellen am Frankenberg
in die glaslosen Fenster der
ausgebrannten Kirche, und ihren
Anführer malträtierte man

mit glühenden Zangen
bevor seinen geschundenen Körper
Pferde, von Henkersknechten mit Peitschen
in die vier Himmelsrichtungen getrieben,
am Hauptplatz zu Linz –
unter den Augen der Gaffer –
in mindestens vier Teile zerrissen.

13. 1. 2002

Langfeld Abschlag Hauslüss

Sehe die schmalen Felder wie zum ersten
Male, Bänder aus schwarzer Erde, die
Siedler vor tausend Jahren über
eine Landschaft legten, wie sie die
Schliffe der Eiszeiten hinterließen.

Um sie mit meinen Beinen aufzunehmen
und fortzuschreiben, ging ich
parallel zu den Rainen, auch über Wiesen
von einem Dorf zum nächsten
auf und ab ging ich, vorbei an Haufen
aus Steinen, umdorntes Rot wippte
in den Hecken, pflückte und aß Schlehen
denn es hatte in der Frühe Frost gegeben.

Von Mönchen und Herren herbeigerufene
Siedler zogen diese gefurchten Linien
mit Axt und Pflug voll Mühe
und machten sie unverwischbar –
ihr Schweiß wie Tusche auf Bütten.

Jedes Feld Kalligraphie, ein Vers
aus Sorgfalt und Ausdauer. Geh heim
oder zum nächsten Tisch, setz dich hin
mit klarem Kopf, schreib ein Gedicht
und schau dazu, daß es was taugt
auch noch in tausend Jahren.

Waldviertel, 14. 10. 2003

Gemischtwarenhandlung

Schild, das eine Schrift trug
verblaßt überm Rolladen
der rostet dahin durch die Jahre
ruht in sich
entspannt
ohne dieses tägliche
Hinauf und Hinunter
ein für allemal
ausgespuckt die Geschäftszeiten
Rost ist Freiheit
und verblaßte Schrift, dezent
belästigt niemand.

Bad Großpertholz, Waldviertel, 22. Oktober 2003

Verlängerung der Qual

Das Silbenscheppern der Eichelhäher
wirbelt den ganzen Wald durcheinander

Von einem Nachklang des Paradieses
von taubenartiger Gnade keine Spur

Wer redet da von Frieden und Freude
von geistiger Erholung? Zeitlebens

An den spitzen Knien schorfige Wunden
und mit den Ellbogen auf abgewetzten

Felsen, die irgendwelche Trottel als
heidnische Schalensteine deuten

Moos sei samtig, sagen manche die noch
nie darauf geschlafen zu zweit

Der Rauch, der unsere Gesichter schwärzt
und der uns zum Weinen zwang

Galt nicht dem Haltbarmachen von Nahrung
sondern abgestandenen Gedanken

Und diente der Verlängerung der Qual.

17. Okt. 2003

Oktoberschnee

Since the wise men have not spoken
I speak that am only a fool
                    Patrick Pearse

Rasch vorbei an den schmalen Streifen
gelber Rapsblüten, den nächsten Schneefall
werden sie nicht überstehen

Wer weiß, ob hier überhaupt noch jemand
sät im nächsten Frühling, all die Äcker hier
werden über kurz oder lang verschwinden

Wie der erste Schnee hier am Heidekraut
bewachsenen Rain, das globale Dorf
radiert sie aus die Dörfer, die Bauern

Mit ihrer Absurdität von Feldern in einer See
Höhe zwischen 700 und 900 Metern
diese Dummköpfe, die sich seit Jahrzehnten

Jene Politiker wählen, die ihnen ihre Existenzen
vernichten, und ich gehe und ich spreche aus
meine Zweifel, was mir durch den Kopf geht

Obwohl es mir gleich sein könnte, daß
ehrliche Arbeit nichts mehr bringt, sondern
nur noch Usura, das Geld an der Börse

Und ich gehe und ich sage was ich sehe
die alten Leute, Rentner allesamt, Witwen,
die vor ihren viehlosen Höfen herumwerken

Das Wirtshaus? Das gibt es nicht mehr.
Hat zugesperrt! – Nicht einmal mehr ein Bier
kann man trinken nach einer Wanderung

Das
ist genau der Fortschritt,
der mich so maßlos begeistert!

Reichenau am Freiwalde, 28. 10. 2003

Das Herz

Schönheit und Rücksicht
haben keine Tradition
in dieser Landschaft
in der Robot und Knechtschaft
Gegenstand und Ausmaß
der Arbeit diktierten.

Wen wundert's
daß nichts gilt
Nutzloses.
Jeder Strauch sich
gefallen lassen muß
die Frage
ob er was tauge.

Wenn nicht:
Weg mit ihm!
(So wie damals jeder
der zur Arbeit nicht taugte.)

Aufräumen.
Saubermachen.
Durchputzen.

Das ist die Tradition
die hängenblieb
in den Köpfen.

Und das Herz?
Was ist mit dem Herz?
mag fragen
der ahnungslose Fremde.

Das Herz, sage ich
ist nichts als ein gleichgültig
zuckender Muskel.

11. 3. 2003

«Ordnung muss sein!»

für M.

Plötzlich ist sie weg, eine hohe Zone
heiteren Gestrüpps, Holunder Heckenrosen
Schwarzdorn ... wegrasiert von einer

Motorsäge, die eine starke Hand
geführt. Zerfranste und zerfetzte Stümpfe
berichten vom Frevel, von der Vogel

Losen Leere am Rande der Felder
deren Raine entlang ich gehe, seit Jahren
zunehmenden Kahlschlägen entlang

Die nur Ausdruck sind einer viel tiefer
liegenden unsichtbaren Ödnis und einer
Feindseligkeit gegenüber dem vordergründig

«Unnützen» – Ergebnisse einer
Hybris die zu entscheiden wagt über
nutzlos und nützlich, die zu wissen glaubt

Alles zu wissen glaubt.

4. 2. 2002

Begradigt

Die alten Straßen   begradigt
die Bäche   begradigt
der Dorfplatz   begradigt

Morgen
wird auch das
            Glockenläuten
                    begradigt
und übermorgen
            die Köpfe
damit es eine Ende habe
            ein für allemal

Mit kreisenden Gedanken.

7. 6. 2005

Birnbäume

Mit diesen alten Grauborken –
    gefällt
        und
            verheizt
weil niemand mehr Most preßt –
    fiel
        und
            verschwand
ein Stück Aufruhr
    und Kindheits-Ich

Der erste Mostrausch
    die auf den Kopf gestellte
        Äpfel- und Birnenalgebra

Unvergeßlich.

Juni 2005

Fangzeit

Der durchdringende Schrei
    eines Reihers
kurz vor Mitternacht
durchs geöffnete Fenster

Bringt wieder ein Bild
von heute Vormittag
    : Der Jäger
mit den rostigen Fangeisen

Im Gepäckträger seines schwarzen
    Puch-Mopeds
wie er mich gutgelaunt grüßt, dann
den Weg zum Fluß hinunterfährt.

1992/Dezember 99

Singend scharren die Hühner

Ich reche das Laub
in dem singend
scharren die Hühner

Verbliebene Blätter
an den Zweigen
hoffe ich

Halten ihr Singen
auch morgen noch
aufrecht

21. 11. 2000

Die Wege der Hühner

Schleifen, stumpfe und spitze Winkel
    sich kreuzende
frohlockend in den Boden
    gescharrte Knoten

Am Ende des Tages
    enden sie aneinandergereiht
auf einer Stange   hoch
    überm zerkratzten Kosmos –

An eine Ordnung der Zeit
        gebundene Krallen.

7. 6. 2005

III

On me your voice falls as they say love should,
like an enormous yes.

(Philip Larkin)

Christa, fünfeinhalb

Fliegen möchtest Du   fliiie gen!

Ich muß vom Tisch wegtreten
bis zur Wand hin

Du hüpfst
und bist entzückt

weil
Du fliegst!

Weit ausgebreitet dein Lachen
über meinen ausgebreiteten Armen.

Oktober 1996

Mandeln

Wie schrundige
von Würmern durchlöcherte
Treibholzflocken
die Schalen

Ich schlage sie auf
an einem dämmrigen Tag
im November und sehe
wie meine Tochter

sie vom Baum schlägt
an einem heißen Augusttag
in den Bergen
Kephalonias.

26. 11. 2001

Erinnerung an Connemara

für Christa

Die Gehäuse von Schnecken und Muscheln
liegen gewaschen auf saugenden Bögen
aus Wortmüll und Verrücktheiten, von
Zweibeinern routinemäßig produziert
unterm Neonlicht der Redakteursstuben.

Aber noch etwas muß hier anders sein:
Die Farben der Seenadel und Turmschnecke
sind stumpf, die gelbe Strandschnecke
wie gedankenlos zu Tode gekochter Mais.
Am Trá bheag und Tráín na Sagart,

Wo das Kind im mondbedingten
Rhythmus strandauf strandab sie barg,
glänzten sie im Sand, aufgefädelt vom
zischenden Saum verlaufender Wellen,
wie geschliffene Steine in Salz und Licht.

16. Aug. 2003

Anmerkung: Trá bheag, *Kleiner Strand,* Tráín na Sagart, *Kleiner Strand des Priesters. Lokale Bezeichnungen in Ruisín a' Chaladh im Südwesten Connemaras (Irland).*

Wehmut

Da, unter der Mutter,
das ist ein Sprengring, sagte ich
zur dreizehnjährigen Tochter,
als wir mit dem Gabelschlüssel Nr. 13
die Schaukel abmontierten.

(Ich hätte auch sagen können
heute ist Freitag der Dreizehnte,
und dieser Satz hätte bei ihr
etwa denselben Eindruck hinterlassen)

Wehmut, so schien es mir,
empfand nur ich. Fest entschlossen,
stumm und mit trotzigem Blick,
räumte sie mit ihrer Kindheit auf.

13. Aug. 2004

Gestalt unter Figuren gestaltet

gewidmet dem Restaurator und Bildhauer Leopold Raffetseder

Im grobleinenen Hemd
und blauen Schurz
verhilft er den Figuren
aus dem lindenen Holz.

Der geschärfte Stahl
ist die Fortsetzung seines Blicks
mit anderen Mitteln.

Seine Hände sind das Bindeglied.
Fügen auch an was Engeln
und Heiligen verlorengeht
wenn sie zu leben haben

Das rauhe Leben
unter uns Menschen.

20. 12. 2003

Werkstatt

von Michael Guttenbrunner in Saas Fee

Es gilt auszuwählen.
Täglich. Als Beleg,
im besonnten Gegengrün,
die Schere im Fenster, dessen
Lichtgevierte, honigfarben, vom leeren Sessel
fließen, mit Achse und Kreuz
den Fußboden teilen,
während die gescheuerten
Bretter verschmelzen
über Rillen und Ringe hinweg.

HERMES, gewichtig und häuslich,
verteidigt als Bote
seinen Platz stolz am Schreibtisch:
Hebel-Mechanik und Alphabet,
das zum Zikkurat gestufte Menetekel,
stets bereit zu dienen
tastenden Fingerspitzen
für eine neue Schrift, gehämmert
mit Schleifrand
und Flügel gedengelt.

Das konvexe Aug' der Lupe
griffbereit neben getürmtem Mappenwerk
und einer aus Schmerz und Empörung
gezitterten Schrift. Im Spiegel
ein Büschel Korn, Ähren, die letzte
ehrliche Ernte der Bergler.
Als Bilder- und Bücherstütze –
oder Wurfgeschoß gegen Lügenpyramiden –

ein Brocken Serpentin
vom Allalin.

Das Licht erobert still
sich den schattigen Raum.
Dessen Haut ist aus Lärche
und trägt dunkle Augen, die Wimpern
knistern und knarren in mittägiger Stille.
Durchs Fenster blitzt vom Laggin
das Eisbeil, fröstelt eine Melodie.
Was steckt dahinter? Wer hat sie gewählt?
Das sind die Fabeln
die uns HERMES erzählt.

Wallis, 20. Aug. 2002

Anmerkung: *«Hermes»* – *eine mechanische Schreibmaschine älterer Bauart.*

Fränkischer Parnaß

für Hans Wollschläger

Als wir kamen – aus den durchlaufenen Gassen
der Altstadt Bambergs an den verschwiegenen
Dorfrand von Dörflis – lag da wie benommen
ein taubes Kätzchen am Schreibtisch
: *Um der Evolution ein Schnippchen zu schlagen*
haben wir es weg vom Feld, wo wir es fanden
und ins Haus genommen ...

Später, als es herumlief,
angewiesen auf unsere Achtsamkeit
bei jeder Bewegung unserer Beine
: Als sähen wir uns selbst
in diesem Wesen: Ausgesetzt,
einem Teil der Welt abhanden gekommen,
den Kopf, leicht verdreht, schief haltend,
um vielleicht doch etwas zu verstehen
von dem, was außerhalb unseres Empfindens
so eilfertig vor sich geht.

Unsere Empörung ist das Weiße zwischen
den Zeilen, das Fundament, auf dem wir
den Lauf der Welt verhandeln, Zeilen,
die gedruckt, wie er sagte,
über die Republik wir verteilen
: Möge sich melden wer
seinen Geist daran reibt
oder ähnlich empfindet ...

Die Spätnachmittagssonne auf ihrer Spätsommerbahn,
stetig dem Horizont entlang und ihm sich nähernd,

begleitete, wie Kaffee und Kuchen, unsere Gedanken
: Sätze von unterschiedlicher Tragweite
aus dem Schrank unserer Tassen
und gelockerten Schrauben –
zwischen einer Welt der Kunst und des Gedruckten
und dem Kosmos des Gartens
: Weite, Wort- und Weltzusammenhang,
begrenzt von der Hecke aus Schlehdorn
(einem Wald aus Shilleleagh gegen die Trommeln
der Werber für Albions Heere).

Und jenseits des schmalen Tales
Der *flüssernden Wasser* und stillen Gewässer,
war da dieser von einem Traktor befahrene Hügel,
sein Rücken gestreckt nach Norden, mit einem Bogen
aus safranbeschneitem Grün in seiner Flanke
eingeschrieben in den symmetrischen Scheitel der Kuppe.
Darüber, plötzlich, sich verdichtend, schuppende Flügel,
schleifenförmiges Schicht- und Schleiergewölk,
korallenrötlich, zeitweilig sogar verdeckend das Gestirn
um das sich unermüdlich dreht dieser Planet,
den viele den ihren nennen, als müßten sie besitzen,
was sie zerstören, gedankenlos oder vorsätzlich
und mit Nachdruck – in ihrer Gier.

Und in der einfallenden, von langen
Schatten vorbereiteten Dämmerung,
lauschend den verkappten Dialogen der Materie,
die auch die Katarakte der Bibliothek erfaßten,
drifteten, wie dünner Tang, der sich losgerissen,
Eberhard Schlotters Bilder über den Boden,
mit Kolophoniumstaub auf kupferplatt geätzte
Grauräume, komplexe Vielschichtigkeit,
die seiner Anna Livia: der plurabellen Gestalt

und ihrer Bestimmung galten,
beside the rivering waters of, hitherandthithering waters of. Night!

Sept. 2005

Anmerkung: *Das Zitat sind die letzten Wörter des A. L. P.-Kapitels aus Finnegans Wake von J. Joyce.* Flüssernde Wasser = rivering waters *(Übersetzung H. W.)*

Begräbnis

von Franz Lausecker

Das kalte Hanfseil fügt sich
dem Gewicht des Sarges
und acht warmen Händen

Und durch den Schnee-Regen
gehen die Jäger, jeder ein stechendes Kreuz
von Fichten am Hut, den *Bruch*, den sie unter anderen
Vorzeichen schweißbenetzt dem ausgeweideten
Bock zwischen die Kiefer schieben,
pflücken sie jetzt von ihren Hüten und werfen ihn
über den Aushub in die große Leere
zwischen den vier Wänden der vermessenen Grube

Einige tragen Hörner aus Messing,
die sie dann an den Mund setzen,
um zu erzeugen herzzerreißende Töne,
während die benetzten Blumen sich häufen
auf einem Deckel aus Eiche,
und der klebrige Lehm tränenblind
von den Kinderschaufel geschlagen wird
von wankenden, Schwarz tragenden Gestalten
mit verweinten Gesichtern
bleichen.

21. 3. 2001

Anmerkung: Schweiß *steht in der Jägersprache für Blut.*

Kulm. Spaziergang mit Peter Hodina

Was sagen zwei
aus Brettern geschnittene Pfeile
in eine Richtung weisend
aus der wir eben erst kamen
flechtengrau auf zerfurchter Rinde
ohne Ortsnamen und Zeitangaben?

Im Norden, hoch über den Feldern
waren die schwarzrückigen Hügel
mit tiefhängenden Wolken
verzahnt, Schneefall schluckte
die Konturen der Wälder.
War es das eisige Grau des Himmels
auf das sie verwiesen? Oder
auf das aus Feldsteinen gelegte Gemäuer
(das neben einem Neubau verfiel)
mit der verrammelten Hofeinfahrt
und den blinden Fensterluken?

Unser Gehen stockte – und
ich stocherte in den Schnee
mit meinem Stock, doch
es gab nichts zu sondieren.
*Brosch hätte sich diesem Baum
interessiert genähert*, sagtest du.
*Ein zerzaustes Gleichnis mit seinen
Höhlungen und schneebepackten
Ästen, so krumm gewachsenen …*

Man soll sich nicht ablenken
lassen, dachte ich:
Diese übereinander angebrachten

leicht versetzten Pfeile
verweisen auf nichts anderes
als auf den Baum selber, der
seinem Niedergang nicht entkommen
kann, und er ist jedem, der
ihn betrachtet, ein Spiegel
aus zerrissener Rinde.

4. 1. 2004

Anmerkung: *Brosch, Klemens (1894–1926), Linzer Zeichner, Morphinist, chloroformierte sich am Pöstlingbergfriedhof zu Tode.*

Jiří Wolker

> Zdežil a tvořil v letech 1921–28
> Český básník Jiří Wolker
> «Nejhlubší moře/lidské oči jsou»
> (Gedenktafel in der Na Celné)

Vor jenem Haus in Smíchov
wo einst Jiří Wolker
seine Gedichte schrieb
jagen Kinder übers schmutzige Pflaster
ziehen Mädchen mit weißer Kreide
Strich um Strich.

Aus dem Schatten der Bierstube
«U Sluníčka» tönen die Stimmen
betrunkener Männer
als scheuten sie zurück
vor dem was sie jenseits
der besonnten Schwelle erwartet.

Prag, 22. Juli 2004

Anmerkung: Sluníčko *ist das Diminutiv von* Slunce, Sonne.
U sluníčka = *Zum Sonnchen.*

Maxim Vengerov

Geboren in Novosibirsk
mit viereinhalb Jahren Geige
zu spielen begonnen
Preise und Wettbewerbe gewonnen
tourt mit einer Stradivari
ex Kiesewetter aus dem Jahre 1723
rund um die Welt

Stand im Programmzettel

Daß Veranstalter
ihm pro Abend
bis zu einer halben Million
Schilling zahlen

Las ich tags darauf in der Zeitung

Bachs Sonata in G-Moll
für Violine Solo
und die Toccata und Fuge D-Moll
spielte er jedenfalls göttlich

Daß er Hosenträger trug
und seine Hosenbeine sich
durch die Bewegungen
im Schulterbereich ständig bewegten
und seine Hosenenden
manchmal eine Handbreit
über den Knöcheln flatterten

Stand weder am Programmzettel
noch in der Zeitung

Dieses hosenträgerbedingte
Verhalten seiner Hosenbeine
diese zu weiten aber viel zu kurzen
Oszillographen seines Geigenspiels

Beobachtete ich
mit großem Vergnügen

1. 12. 2000

Erinnerung

Prokofjew verstummt
höre wieder, daß der Brunnen plätschert
sehe wieder den Karpfen, den das Kind gekeschert
seinen offenen Mund.

Ich geh herum
auf Wegen
und daneben
sehe Bäume von Flechten befleckt
Felder mistbestreut
Wiesen kurz gemäht

Regennaß und rund
Fliegenpilze und Hagebutten leuchten
Most gärt
Erinnerung.

Waldviertel, 9. 10. 2003

Vollmondmäuse

Wieviele Möglichkeiten gibt es
sich dem Wesen einer hellen
Mondnacht zu nähern
im Winter, wenn Schnee liegt
und die alten Apfelbäume
zwischen den Stämmen
ihre Labyrinthe entfalten
bizarr und schwarz?

Als ich die Schneeschaufel
in der Hütte verstaute
hörte ich plötzlich
die Stimme meines Vaters:
«Es hatte minus 30 Grad
eine Vollmondnacht, es war
so hell, daß man am Schnee
eine Maus konnte laufen sehn ... »

Es gibt viele Möglichkeiten
in der Nacht jemanden zu hören
zum Beispiel telefonieren.
Oder geh schaufeln:
Schnee schaufeln.

5. 1. 2004

IV

Wann werden wir die Ferne kennenlernen,
wie sie die alte Straße versprach: Unasphaltiert,
ewig löchrig, ewig staubig, Eigentum
der Landstreicher, der Bauern, der Gendarmen,
des Bäckers, des Fleischers, auf der wir
barfuß liefen, die Füße weiß bis zu den Waden?

(Herbert Zand)

Wie lange

O das Biotop der
Bahnhöfe der widerständigen
Gräser und Blüten im Schotter

    zwischen den

Beton- und Eichenschwellen
und all den Weichen
und Schienen
die vom Gift vergilbten
Halme das gebleichte
Papier und all der Müll
so sinnlos bedruckt

    und doch

Durch all das Zerfranste
und sich Verzweigende
bahnt sich eisern
der Zug
seinen Weg
und ich mit ihm
bis am Ziel ich

    wie lange

November 2000

Bilderglück

Da war so ein Bild von St. Pölten
Spaziergänger auf einer Brücke
und am Geländer Tauben, darüber
schwebend, wie an Fäden
Möwen, dann ihre Schatten
im Zugfenster, und weiße Flecken
im Gewässer, das nicht rauschte
nur die Klimaanlage summte
und ein Mädchen stieg zu und
enthüllte eine Wurstsemmel,
Cellophan knisterte, und der Geruch
im Waggon hatte gewiß nichts
zu tun mit der Luft sich erwärmend
über verschneiten Feldern, Parkanlagen
und über der aperen, sonnseitigen
Bahnböschung, die Sonne warf
so kurze Schatten wie noch nie
in diesem Jahr, und ich war wieder
einmal unterwegs mit nichts
als einer schmalen Tasche und
meinem Notizbuch, links und rechts
zog Landschaft vorüber, stiegen und
fielen Linien, Horizonte, farbige
Flecken, ein nie enden wollender Film
verwirrend gespiegelt manchmal
der sich auch fortsetzte, als ich langsam

die Augen schloß.

13. März 2004

Jetzt beginnt die Wildnis

Ein Déjà vu Erlebnis im Zug
über eine Grenze fahrend:
Jetzt beginnt die Wildnis!
höre ich Mitreisende sagen
habe ich noch im Ohr
von früheren Grenzerfahrungen
wir haben dieselbe Muttersprache
sprechen jedoch nicht dieselbe Sprache
ihre Worte sagen
sie haben Angst vor der Wildnis
vor einer ungemähten Wiese
in der sich Büsche breitmachen
vor einem ungemähten Feldrain
vor Disteln an Bahnböschungen
vor Wildblumen an ausgefransten Waldrändern
vor kurvenreichen Straßen mit Obstbaumalleen
an denen ihre dicken Autos zerschellen könnten
sie haben Angst
auch ich habe Angst
vor ihren scharfgezogenen Scheitellinien
vor ihren exakt umzäunten Gärten
mit Gartenzwergen und «Vorsicht! Bissiger Hund!»
vor Schriften wie PRIVATWEG DURCHGANG VERBOTEN!
vor ihren heiligen Kühen mit ihren Pferdestärken
die ihr Denken und ihre Gefühle besetzen
sie haben Angst
und diese Angst macht sie ungerecht
auch ich habe Angst
vor ihrer kindischen Angst
vor ihrem Sprachgebrauch
vor ihrer Dummheit
die sie weitergeben

an ihre Kinder und Enkel
all dies macht mich zu einem Gefangenen ihrer Angst
auch ich habe Angst
auch ich bin ungerecht

der Dialektik ist nicht zu entkommen.

September 2002

Schlaflose Nacht

I
In einer fremden Stadt
in der das Licht nie schwindet
wachst du auf um drei Uhr früh.
Pulsierender Schmerz durchzieht
den Kopf, im brennenden Schlepptau
Bilder und Gespräche des Vortags
der Geruch von Ölfarbe liegt
wie eine nasse Decke auf deiner Brust
du zwingst dich zu atmen und versuchst
diese Maschine zu überlisten:
Wie der Greifbügel eines Projektors
schiebt sie immer neue Bilder in den
Kopf, ohne Rücksicht auf deine Müdigkeit
und den kalten Schweiß in deinem Nacken.

II
Überm Summen der Heizung
und einem leisen metallischen Knistern
erhebt sich die Melodie einer Amsel –
erstes Zeichen des nahen Morgens.
Das Fenster ist geschlossen
der Vorhang zugezogen
trotzdem höre ich sie. Wo
mag *sie* den Morgen erwarten?
Ich sah nur Häuserreihen gestern
Fassaden   Gesimse   Lichtreklame
Asphalt   Pflaster   Mülltonnen
Straßenbahnschienen – aber keinen
Baum – .   Trotzdem
singt eine Amsel (: - o - o - o - !). Vielleicht
vom metallischen Ast einer Antenne

oder aus dem Refugium eines Hofes
in dem sich Zweige über Wäscheleinen
erheben.

Ich nehme einen Schluck Tee.
Mich fröstelt.

Die Tür eines Autos wird zugeschlagen
und ein Diesel beginnt zu dröhnen.

Pilsen, Atelier Václav Malina, 28. 3. 2004, 4 Uhr früh

Landschaft bei Otrokovice

Weißgekalkt die Stämme der Zwetschkenbäume
im Schwarzgeackerten.
Aus den Feldern verschwunden
die Farben, nur das Blinklicht eines Traktors
flackert über fahles Maisstroh,
blinkt sich wegwärts, vorbei an äugenden Pfützen
hinauf zum nassen Asphalt.

Am Horizont, wo die Luftschiffe Lhotáks
sich erst gestern in Luft auflösten,
erheben sich heute rauchlose Schlote. Ihre
rot-weiß-rot-gebänderten Finger grüßen
über die Grenze, und auf dem frischen Zementgrau
des gepflasterten Bahnsteigs, über dem
wie die Angstschreie seltener Vögel

Das metallene Knirschen der Bremsen schwebte,
wartete *sie* mit dem bunten Bat'a-Plastiksackerl
in hochhackigen Schuhen, die jetzt wieder in Mode sind.
Ihr blondgebleichtes Haar war um eine Spur heller
als diese geschippten Rüben, deren grünbeblätterte
Skalpe in hohen Bögen auf die von Sonne, Wind
und Regen zerrissenen Bretter eines Anhängers klatschten.

Im Zug nach Olmütz, 9. Oktober 2002

Anmerkung: *Kamil Lhoták, tschechischer Maler und Graphiker.*

Villa Müller von Adolf Loos

Hinter dem Hradschin
hoch über Pohořelec
wo die Straßenbahnschienen
hinauf nach Střešovice führen
und die Sgraffiti der Paläste
verblassen, steht ein Haus
wie aus Marmor gehauen.

Während zwischen Strahov
und Moldau die Massen drängen
der Altstädter Ring zu einer
Freß- und Kitschmeile verkam,
ist hier niemand. Ich stehe,
wie im Glück ertappt, vor einer
zum Bau gewordenen Wahrheit.

Prag, Juli 2004

Nächtens im Halbschlaf

Nächtens, im Halbschlaf, das stufenlose
Abdriften der Gedanken in Traumgespinste.
Im Nachhinein betrachtet, von einem Bewußtsein
außerhalb dieser Träume und dieses Denkens,
überblicke ich ein bunt zusammengeflicktes Band,
ausgefranst an den Rändern und gegen den
Zerfall an dünnen Stellen verknotet: Gesicherte
Spuren einer unaufhörlichen Bewußtseins-Peristaltik.

Februar 2002

Bilderschlinge

Die finnischen Spätwinterlandschaften, uralten Rituale
und jungen Mädchen in den Filmen von Salla Tykkä:
Schneeflecken in schattigen Lagen, das Augenweiß rotgerändert,
und bis auf Hände und Gesicht mit Kleidung verhüllte
blasse Haut: Aufbrechendes Zugedecktes unter herbeigeschleppten
Ästen, nasses Reisig, das sich dann doch als entflammbar erweist,
Waldränder und -lichtungen: Von Äxten gestählte
Bühnen für unerwartete aber doch ersehnte Auftritte.

Eine Gewehrkugel durchlöchert Glas, tötet ein Schaf.
Er, dem dieses Heischen nach Aufmerksamkeit gilt,
steigt in ein schwarzes Boot, rudert hinaus auf einen Spiegel
ohne jenseitiges Ufer, und ich im Zug, auf nassen Geleisen,
glänzend im Lampenlicht, vorbei an Gespinst und Gebärde
einer Landschaft, an parallel geleiteten Oberleitungen,
die meinen Kopf durchstoßen im Vibrato des Abteilfensters,
hinein in die pochenden Ränder aufbrechender Wunden.

Wien–Linz, 17. 10. 2002

Anmerkung: *Salla Tykkä, geb. 1973, finnische Fotografin und Filmemacherin.*

Totes Gebirge

I
Seit kurzem erst
tragen die Berge hier Namen:
Trisselwand, Elmberg, Rotgschirr und Salzofen.
Letzterer verweist auf die Kostbarkeit
die in den Bergen hier lagert.
Er bot Festplatz und Tempel
in schliefbaren Röhren
in Klüften und Hallen.
Und dieser Körber, verlacht von Experten,
barg aus der Tiefe das Geripp' eines Bären
das dort lag seit Tausenden Jahren,
auch Knochen eines Löwen oder dergleichen
fand Holzkohle, Brandspuren
und Werkzeug der frühen Jäger,
deren von Hand geformte Objekte
schon ein Interesse über das Allernotwendigste
hinaus bezeugen. Hier wo
die Gletscher der Eiszeiten lagen,
schürften ihre Massen
über in Tiefen verborgene Asche hinweg
und über die Felsen, auf denen ich steh,
die gerundet zu grauen Rücken
wie gestrandete Wale
unter den Wänden des Neusteins
aus dem Lahngangsee ragen.

II
Seit kurzem erst
tragen die Berge hier Namen.
Doch die von Furcht und Magie
getriebenen Ahnen,
die über den Charakter der Landschaft
und deren Nutzung
ihre Sprache erprobten
ließen den Rauch aufsteigen
aus ihrem steinernen Ofen
lang bevor dies Widerhall fand
im bezeichnenden Namen.

Nur was sie benannt im magischen Akt
war nicht mehr fremd. Und
unterwarf sich gebannt unseren Ahnen.

Grundlsee, 3. Sept. 2002

V

I bpollán sa bhóthar
comhairim an t-achar
idir dhá réaltóg *)

(Cathal Ó Searcaigh)

* *In dieser Pfütze/vor mir der Raum/zwischen zwei Sternen*

Wintersonne zweigeteilt

Die Sonne, barhäuptig
in den Kronen der
Obstbäume, lädt
ein zum Tanz

Im Schnee, der jeden
Schritt verbucht,
werden alle Fehler
sichtbar

Ich winke ab.
Warte lieber
bis aus dem geglätteten Boden
wächst ruppiges Grün

9. 2. 2005

Brüchig der Frühling

Brüchig der Frühling.
Morgenfrost knabbert
an den Blüten der Kirsche
und am Keimling Zucchini

Flüchtig der Hauch, der uns gilt
der Staub der Kälte, der an
den der Knochen ge-
mahnt, unerbittlich.

26. 5. 2005

Kaulquappen

Kaulquappen
wie sie rudern

Unablässig
um zu leben

Und ich denke
daß ich

Ganz ähnlich
begann

Und ganz ähnlich
werde enden.

Mai 2003

Frühling

Winzige Frösche
hocken am Rand
des Teiches

Und überlegen
den Absprung
ins Nichts.

11. Juni 2003

Wind bläst

Wind bläst
das Gehämmer vom Dach
Wind fräst
Schneisen ins Feld Getreide
über das der Habicht kreist

Fensterglas trotzt einer
Hundertschaft Flugameisen ...
Die ans Licht reisen
holt mitunter der Schatten ein

Die Schafskälte
vereist den Laich der Molche
und zankende Hühner
reißen mit einem Ruck
ein Leben entzwei

Der Tod ist in Bewegung
hält sich fit
in der Krypta der Nacht
und auch bei Licht.

7. 6. 2005

Licht, letzter Aufprall
(nachgelassene Ornithologie)

Achte auf das Rotkehlchen vor dir
es pickt etwas
aus dem Gras
das du nicht siehst
für das du keinen Namen hast
es ist nichts

Abgesehen davon
liegt da dieser Haufen Reisig
ein Gehäuse aus Stille
aus dem etwas alle paar Minuten
hinausknistert ins Weltall

Und ich höre
das Plätschern von Wasser
es trifft auf das letzte Eis
im Augenwinkel Schilfwimpern
klappern gegen das Licht
auf den Schuppen gefrorener Fische.

24. 3. 2003

Schmetterling

Den Schmetterling
sah ich Schutz suchen

Vor einem Regen
der plötzlich aus blauem

Himmel platzte.
Eine unsichtbare Faust

Jedoch zwang ihn
gaukelnd zu Boden.

7. 7. 2003

Frühsommer auf der Reitling

Mit Lindenblüten im Sack
gehen wir auf den Winter zu

Durch einen Hohlweg mit freiliegenden
Wurzeln und klirrenden Ziegeln

Und über einen steinigen Rücken
(mit nichts als) Wind im Gesicht

Irrlichternden Königskerzen und
dem Blöken von Schafen entlang

Der Abend ist ein Fenster aus Feuer
hinter unseren schweißnassen Rücken.

22. Juni 2003

Sonnenwende

Für wen oder was hält mich die Nacht
deiner Augen die mit den Mücken
überm lichten Gefieder der Grasblüten tanzen?

Düster rücken sie heran
: Zwei Pole als Paar.
Fehlgeleitete Züge, um mich zu suchen.

Juni 2000

Wie spielerisch in Einklang

für M.

Der Mohn blüht
wie er immer blüht
nur das Licht
ist heute ein anderes
ein nordisches
es geht grell
durch die gereinigt Luft
nach dem Gewitteregen gestern
und die hüpfende Melodie aus einer Flöte
streicht mit dem Wind über die roten
Blätter die bewegen sich leise
wie schlaffgewordene Flügel exotischer Falter
die vergeblich versuchen ihre Flugorgane zu straffen
um diesem kalten Licht
zu entfliehen

Und jetzt
       genau jetzt

sind ihre Bewegungen
in Einklang mit dem
Rhythmus der Melodie

Juni 1999

Fast ein So nett

O Hammer Flügelwerk
der *Odonata*
gläsern über
Wasserdost und -myrte

Dünn tönen
die Streicher
ritardando
accelerando Grillengezirp

Spatzenzilpzalp
von luftigen Alpendachziegeln
: Flach wiegen
Kerbel und Petersilien

Nur die Wasserlilien
billigen
meine vertikalen Wünsche

Posaunen feuerrot
diesen ottergrauen Spottdrosselmorgen
ins rechte Lot!

August 92/Dezember 99

Bach im Frühlicht

Bach im Frühlicht
Kantor bin ich
mal temperiert
mal dissonant

Im Dämmer über
Spiegel geh ich
Felsen Wasser Weidenköpfe
Milch im Napf für Schlangen stell ich

Augen hab ich auf die Ufer
wo im Wind die Fetzen flattern
und der Weiden Beingeflecht
rot versinkt im Sand.

Oktober 2003

Noch schmecken die Schlehen säuerlich

(Herbst, Annäherung I)

Bücke mich nach Nüssen
verdeckt vom scharfen Laub
spüre sie trotz der Stiefel
welche von ihnen ist taub?

(Herbst, Annäherung II)

Kalte Luft strömt von den Bergen her
Feuchtigkeit und Pappellaubgeruch

Kriechen vom Fluß herauf. Am Waldrand
verkümmern Rotkappe und Birkenpilz.

Das Chlorophyll auf den Mischwaldkuppen
ist am Rückzug. Bleiben nur noch

Die Mücken im letzten Licht.
Eine graue Säule ihr lautloser Tanz

In den vorgeschriebenen Bahnen
eines dreidimensionalen Labyrinths.

Oktober 2000

Wenn der Hahn kräht

Es hat keinen Sinn
im ersten Sonnenlicht
den verblichenen Träumen
nachzuspüren.

Der Hahn kräht.
Ein Vorgeschmack
auf die bevorstehenden
Rivalitäten des Tages.

Das Bett neben dir
ist längst
schon kalt.

18. 1. 2004

Am Rande

Die Novembersonne   kraftlos
eine konturlose Lichtquelle   unbestimmbar
im ungegliederten Himmelsgrau
nichts zerfetzt heute   die Stille darin

Als wüßte er über Kontraste Bescheid
ein roter Kinderanorak
der den Rauhreif
am fahlgrünen Grashang fleckt

Gerade noch unterscheidbar
das Silbergrau der Tannenstämme
schütteres Reisig   in der Talsohle
entsprechend der Feuchtigkeit   Erlen und Weiden

Rindenloses Rundholz   pflockt
neben kantigem Granit
alles so trügerisch einfach
wie Feuer und Wasser   Erde und Licht

November 92/Dezember 99

Der Grasfilz reiferstarrt

Der Grasfilz, reiferstarrt
und ergraut über Nacht, knistert
wenn ihn meine Füße berühren,
und mit der Brise die aufkommt,
bei Sonnenaufgang,
beginnen mit den Tautropfen
die Blätter zu fallen –
raschelnd, leise pfeifend oder lautlos
trudeln sie durch löchrige Reusen
aus Ästen und Zweigen,
streichen vorbei
an kupfernen Rinnen
und dem Geflecht von Aluzäunen,
lappen als Ockerzungen
über weißgestrichenes Gartenholz,
treiben als kleine Nachen
mit geknickten Masten
umbrafarben, schwarzgefleckt
sich aneinander reibend
über ein graues Meer
aus körnigem Granit.

9. Oktober 2002

Der Hahn pickt Schnee

Der Hahn pickt Schnee. Er
ist ein Pendler zwischen zwei

Hühnerställen, in denen er
nichts zu sagen hat. Er

Ist scheu wie ein Reh und nächtigt
auf einem Kirschbaum bei

Jeder Witterung. Einige Schnee-
stürme hat er schon überlebt

Ob er durchhält
bis sein Haus in Blüte steht

Wird sich weisen.

Jänner 2005

Rest von Glück

Die Krähen hocken im Schnee
    beugen ihre Hälse
und machen sich an meinem Kopf
    zu schaffen.
Sie erfreuen sich
    an meinen Augenhöhlen
in denen gelbe Würmer nisten.

Dort
    wo das Herz lag
        scharren sie
nach einem Rest
    von Glück.

7. 2. 2005

Schwarzweißgedichte

für Eva-Maria

Schnee auf
Kabelschwarz

Rabenschwarz
über

Weißwieschnee

                                        Schwarzweiß
                                        auf Schwarz

                                        Elstern
                                        am Telefonkabel

                                        Es tropft

Schwarzmatt
der Rappe

Filzschwarz
der Pope

Und eine weiße
Taube

In Anbetracht:
Schach den Sehenden

Die Unterschiede
nicht erkennen

                                    Schwarzwiedienacht
                                    ohne Sterne und Mond
                                    sogar das Augenweiß

                                    Die Füße am Boden
                                    Hühneraugen vielleicht
                                    leuchten mir heim.

8. 2. 2002

Zu zweit/vor kahlen Bäumen

Ein Sonnenrad
festgezurrt zwischen Ästen
läßt unsere Blicke wandern
bis zu den Astspitzen
bis zum Absprung
          ins Nichts.

Okt. 93/Dezember 99

VI

Den Totengräbern im Zwielicht
Geht's von der Hand.

(Anna Achmatova)

Aug in Aug

Aus dem krummen Leib
eines Apfelbaums
hat der Sturm die Äste gerissen.

Im blattlosen Stumpf nisten Kreise.
Sie drehen die Vergangenheit
zu einem dunklen Trichter.

Im Strudel ertrinkt was nicht
aus Holz nicht
in den Ringen verankert liegt.

März 2003

Im Takt des fallenden Tropfens

Die Zerstörung der Fischgründe
liegt in jedem Schaufenster begründet
deren Dekorateure, geblendet
von ihren Kreationen, nicht wissen
welche Folter ein stetes Tropfen sein kann
auf einer ausgetrockneten Erde mit Rissen
die über Nacht zu einem kahlen Schädel mutiert
in dem ein Schmerz tobt, Gezeiten gleich
im Takt des fallenden Tropfens.

Der Schmerz rührt von den Augen, die den
täglichen Verfall gefirnißter Parklandschaften
miterleben, das Zerbröseln alter Ulmen und Segenbäume
das Versanden maurischer Brunnen in Ainamadar
das Einschmelzen von Bernstein zu billigem Asphalt
für die Formel-1-Operette, den Triumph der
sakrosankten Börse, die Arbeit vernichtet, das
Notwendige verhindert, sowie jene blauschattigen
Räume devastiert, in denen auf Wänden
das Einhorn den Lebensbaum flankiert.

Mai 2000

Versuch über das Unfaßbare

Von ihren Armen reißen sie sich das Fleisch
damit sie blühen wie ein freudiges Werkzeug
um die Welt von ihrer Frohbotschaft zu überzeugen.
Ihr Gesang schwillt an und überschreitet
jene vom Notenschlüssel definierten Linien,
die den Horizont der Erträglichkeit bedeuten.

Das Temperament
der aus Krokodilsleder geflochtenen Peitsche
bemüht die roten Fahnen
zerfetzter Venen.

«Gottes Wille»
schwenkt die alte Phrase
in Form paradierender Totenschädel.

17. 10. 2001

«Lebensabend»

Zum Telefon?
Nein, jetzt nicht.
Lieber einheizen.
Eine Tasse Tee.
Ein einfaches
Gericht.

Vielleicht ruft wer
an und ich höre ihn
nicht.
Also laß ich
die Tür offen
und dreh das Radio
ab.

Still ist es jetzt.
Und ich höre
alles.
Ich höre die Stille
und wie das Wasser
kocht
im Teekessel.

Das Ticken der
Küchenuhr.
Und den Holzwurm
wie er
nagt
im Fensterstock.

5. 11. 2001

Wie der Radiosprecher es nannte

Am Freitag, als ein Schneesturm
    durch den Garten stöberte
Blitz und Donner sich durch
    die weiße Pracht entluden
Nordwind das gefrorene Element
    auf den Dächern nach Lee verfrachtete

Am Freitag, als ich zu wenig auf die
    Kartoffelpuffer in der Pfanne achtete
ich den Hühner danach
    den Abfall hinaus trug
der Weinhändler mich anrief
    und ich ihm das Wort abschnitt

Am Freitag, als ich die Arztrechnung erhielt
    deren Ursache ein halbes Jahr zurücklag
sind gar nicht weit von hier
    fünf Palästinenserkinder
wie der Radiosprecher es nannte
    in eine Sprengfalle getappt.

23. 11. 2001

Sich fügen

Mag sich auch
das eine oder andere
fügen.
Wer jedoch
merkt etwas davon?
Du?
Ich?
Der Hahn am Dach
der sich dreht
mit dem Wind?

Kinder schnüffeln sich
durch die Kälte der Welt
oder gehen
in überheizten Etagen
vor zuckenden Bildschirmen
zugrunde.

Das Licht
hat man verladen
und irrt auf plombierten
Zügen durch das neue
Europa.

Springt auf!
rufen arbeitslose
Schaffner, kommt mit!
rufen zugbegleitende
Obdachlose.

Wem zuerst sieben silberne
Ohren wachsen

vorweisen kann
zwei goldenen Nasen
bevor noch das Blut geronnen
hat gewonnen.

30. 11. 2001

Wie, Demokratie?

Alle Wörter stehen jedem zur Verfügung.
Was sie bedeuten ist unterworfen der Zeit.

Wie sie sich auf die Realität zu beziehen haben
bestimmt ein entgrenztes Machtgeflecht.

Das Wort TERRORIST ist nur *ein* Beispiel
(Sprache ist kein Werkzeug, sondern ihr Gebrauch, sagt Mauthner).

6. 12. 2001

Winterhirn, äugend

Von Norden schuppt heute
Schnee tragendes Gewölk
über Wälder und Kuppen.
Blattdünn getriebenes Weißgold
vom Hauch der frühen Sonne gerötet
schwimmt in der Netzhaut als Beute

Am gefrorenen Apfel baumelnd dreht
sich die Drossel in frostiger Luft;
im Auge funkeln Kristalle
schwingen Kadenzen
bis die Katz' sie erspäht

Ungetarnt geht der Tod
inmitten der vom Morgenlicht
gekitzelten Pracht.
Er geht über die mit kaltem Dämmer
ausgelegte Schale der Nacht

Und im Feld, wo der Schnee
die Senfstauden über
die Schollen geknickt
schoß Waidmann
im Verlauf einer Treibjagd
dem flüchtenden Fuchs ins Genick

Den Abgrund der Nacht
hat niemand verbannt
aus den Hirnen und Herzen
der Büttel und ihrer Krakeeler
in diesem von allen Formen
des Kreuzes gezüchtigten Land.

10. 12. 2001

Ist das noch Sprache

Ist das noch Sprache
abgehetzt, aus einem verzerrten
Maul, der herrschenden Meinung,
Doxa, verpflichtet?

Und was ist
mein Gestammel
auf endlosem Weg
schweigendem Schnee entgegen?

Wer vermißt, gewürgt
         vom Kriegsgeschrei,
im pervertierten Logos
         Stille, Geflüster?

13. 12. 2001

Zur Situation

Wortfolgen wie Wetterkarten –
grammatikalisch-meteorologische
Bedingtheiten: Wolkenzier –
perforiert und zerrissen –
zwängt durchs geputzte Fenster
und macht sich breit
als *tache* am Papier.

Über die Hecken fliegen Hunde
verfangen sich in Reusen
ihr Fell ist naß und schuppt.
Katzen schlummern wie weggetreten
über den Lüftungsschlitzen der Heizkörper
und träumen von fetten Mäusen
im Land der wiederbelebten Pharaonen

Schnee schlägt gegen die Stirn
und Wunden verkrusten.
Etwas hat sich geändert
seit der Umstellung auf Wahlkampfzeit
und Hand in den Mund.
Nur aus den Kirchen dringt
das ewige Husten.

31. 10. 2002

Letzte Ölung

Frühlingsbeginn, und wieder Kriegsbeginn
in den Iden des März.
Also Begräbnisse allerorts
und das Auftreten von Schneerosen
neben schmelzendem Firn
das Sterbeglöckchen vom nahen Turm
und im Schneesturm sein Verstummen.

Niemand lacht
in unserem Dorf
obwohl uns kein Sandsturm geißelt
und die Raketen weit weg
auf Bagdads Gemäuer niedergehen
doch irgendwie
auch unsere Sätze treffen.

Die Kapelle spielt Trauermarsch
hinterm Katafalk für uns
die wir noch einmal davon gekommen sind
mit den Augen der Toten
im Rücken.

23. 3. 2003

Frühlingsbeginn

Wir warten
auf eine Stille – eine Stille
die nicht mehr kommt.

Die Rache-Engel fletschen die Zähne.
Zwischen Aufbahrungshalle
und Kranzdeponie riecht es.

Riecht es nach Tannenreisig und Urin
und nach den frühlingsbedingten Sekreten
der Kater, also doch: nach Frühlingsbeginn.

24. 3. 2003

Gift

Durch den Karst der Cortex
sickert nicht nur
dreimal Gewendetes
lautlos Bedachtes

Sondern auch alles Aufdringliche
das nüchtern betrachtet
und bei Licht besehen
nichts hergibt

Der Regentschaft der Ohrwürmer
etwas entgegensetzen:
einen Aufschrei – Blitz und Donner
einer neuen Grammatik

In meiner Kehle jedoch
stecken keine Sätze
nur Erde und
Krüge voll Durst.

25. 3. 2003

Mauthausen

(Notate, anläßlich einer Begegnung mit ehemaligen
sowjetischen KZ-Häftlingen)

I
Wir zeichneten
und kritzelten Gedichte
auf Zementpapier
in Mauthausen
Gusen I
Gusen II und
als Zwangsarbeiter in der VOEST.

II
Vsevolod Osten:
Der 5. Mai 1945
war sein zweiter Geburtstag.
Er schrieb ein Buch
über das Leben im Lager.
Ich halte es in meinen Händen:
«Erhebe Dich von Deinem Schmerz».
Seine Witwe hat es mitgebracht
mir dieses Vermächtnis übergeben.

III
Ich bin 1922 geboren
in Leningrad
kam 1942 auf die Artillerieschule
war zwei Jahre an der Front
kam 1942 in Kriegsgefangenschaft
in der Gegend von Kiew.
Auch ich war dazu bestimmt
vernichtet zu werden

von denen, die sich selber erhöht
um andere zu erniedrigen.

Noch spricht er
mit fester und lauter Stimme
wenn er erzählt, 81-jährig
aus einem anderen Leben
das keines mehr war:
Was war es?
Ein Überleben
von einem Tag auf den anderen?
Seine Hände zittern:
Solche Hölle, wie die Faschisten in den KZ haben gemacht
kann sonst niemand machen!
Übersetzt der Mithäftling
der die Sprache der Mörder gelernt.

IV
Sie treten ins Licht, zum Fenster
rollen ihre Hemdsärmel hoch
und zeigen ihre Häftlingsnummern
tätowiert ins Fleisch des Unterarms:
Sechsstellige, dunkelblaue Chiffren
eines auf totale Ordnung fixierten Systems.

V
Von denen, die den Krieg
Mauthausen und Stalin überlebten
sah ich keinen einzigen lachen.
Und die Jungen, die ihre Enkel sein könnten
Studentinnen und Studenten
mit der Aufschrift *Rossija* auf den T-shirts
sangen trutzige Lieder im Marschrhythmus
dann das *Dachau-Lied* von Jura Soyfer auf Deutsch

und zum Schluß – auch dabei blieben
ihre Gesichter ernst – *We shall overcome*, das Lied
der US-amerikanischen Bürgerrechtsbewegung
das längst niemand mehr singt
weder dort noch hierzulande.

Und während sie die Gitarre, Querflöte und Trommel
einpackten, zuerst die russische, dann die sowjetische
Fahne von der Wand lösten
ging die Chorleiterin
zum Fenster und starrte in die Landschaft
durch die sie gehetzt wurden:
Sowjetische Offiziere, im Feber 1945.
Sie stand am Fenster
mit dem Rücken zu uns allen.
Die Tränen auf ihren Wangen
sollte niemand sehen.

10. Mai 2003

Anmerkung: *«... im Feber 1945» bezieht sich auf den Ausbruch von über 500 sowjetischen Offizieren aus dem Lager Mauthausen. Die darauf folgende Hatz und Vernichtung der Geflohenen (wahrscheinlich haben nur elf überlebt) ging unter der zynischen Bezeichnung «Mühlviertler Hasenjagd» in die örtlichen Chroniken der Nationalsozialisten ein.*

Eingeläutet ungehört

Wenn Ohren
Stille nicht mehr hören

Die Zunge
anspruchsvoll das Wort verweigert

Wird nichts mehr
geformt

Der Abend ist eingeläutet
ungehört.

21. 5. 2003

Dezember

den Vorfahren Lausecker und Putschögl

Die Welt meiner Ahnen
zerstört. Wie ihr Erbe
zurückbringen aus dem Nichts
ins Noch-Nicht
aus dem Raum einer gehässigen Zeit
zurück ins Gedächtnis
dessen Arbeit schon verblaßt
im grellen Licht
bevor noch die Tinte trocknet
auf einem Blatt Papier
das ich auf ein anderes lege:
Durch Staub
        getrennt
und verbunden zugleich.

*

Zerhackt mein Leben
in eine Folge aus
schutzlos hinzunehmender Fron.

Als Fremder kehre ich
zurück am Abend in die
Rundungen meines Schädels.

In manchen Nächten
zähle ich
zwölf glückliche Tage.

*

Ihre Münder, ihr Kopf
wie an der Spitze aufgerissene Schuhe
niemand da
um zu verstehen
um die Scherben
zusammenzufügen.

   *

Irgendwie zusammengeflickt
und entbunden zugleich
von allem –
  nur nicht von Sprache

Zu einer Sintflut geworden
sind die Bilder

Noah, nimm an Bord
ja keine Bilder!

   *

Die Oberfläche der Erde
nichts als Narben

Das ursprüngliche Antlitz
glatt, spannungslos, meta-physisch:
  das Paradies?

16. 12. 2003

Lungitz, Gusen III (Lagerbäckerei)

Dort wo die Abgemagerten
mit den eingebrannten Häftlingsnummern
auf Befehl sich selber umzäunten
mit Stacheldraht, tagein tagaus, zwangsläufig
das Brot rochen, das sie formten und buken
von dem sie nicht einen Bissen bekamen
sprießt Wintersaat.

Darunter liegen noch immer
die Fundamente dieser bodenlosen Hybris.

Wo Männer den vernichtenden
Blitzen der Runen folgten
steigt auf eine Lerche
aus einem Nest aus Beton
und zu Zweigen gebogenen Eisen.

7. 2. 2004

Die Eulen erwachen

Die Eulen erwachen. Der Erinnyen
Henkerdienst mag beginnen

Wer da steht zwischen Politik und Philosophie
der schreibt keine Verse
und wer da sagt *Sprache*
ist Material, ich schaffe daraus Plakate
und psychologisch raffinierte Sprüche
die deine stumpf gewordenen
Sinne reizen ..., dem schälst du einen Apfel
und schickst ihn damit
in sein von *Werbering*-Welten
umzäuntes Paradies

Zwei Hände   das rauhe Astholz
bemoost in der Beuge zum Stamm   stumm
stehst du da   verstummt
und pfeifst auf die süßen Säfte
und wendest dich zu   Tartaros

Ich verstehe dich   nippe am Birnenmost
der mir die Zunge gegen den Gaumen
drückt. Sie aber werden sagen:
Es hat ihm gemangelt an jedweder Ironie.

8. 2. 2004

Asyl I

Die Lehre der Geschichte ist einfach. Ein jeder kann sie verstehen. Sie lautet (…), daß unter den Bedingungen des Terrors die meisten Leute sich fügen, einige aber nicht.

Hanna Arendt

I
Im Asyl der Worte
dem abgespeckten, von Stürmen polierten
die Drift der Willkür abwehrend,
in wechselnden Abständen zur Sonne
hast du zu leben gelernt;
aber im Handumdrehen
verdecken die blauen Flügel des Raben
den Horizont, von dem wir
nur wissen, daß er nicht einzuholen ist
übers Meer fahrend, auf der Suche nach Festland,
ein Alptraum für Flüchtende. Und im
Staub der Nacht führt die Straße
wohin? Gerüchte wehen wie
vierblättrige Winde um die Ohren,
Aas- oder Honiggeruch, der dir
in die Nase steigt, dich lockt und lenkt
zum Auftritt des Dirigenten
im Tarnanzug und mit einem Gesetzestext
im Anschlag, prallvoll mit Paragraphen:
formosi nec sunt nec decentes.

II
Mit dem Wort versteht dieser
sich ein Asyl zu bauen – aber
was sind schon Worte ohne Taten, sagt jener.
Und wer sagt schon

mit dem Anspruch auf Aufruhr:
Bis hierher und nicht weiter!
Während die als Propheten Umworbenen
in diskreten Vorstandsapsiden
nicht nur deutlich sagen was sie wollen:
Wir, Chief Operating Officers, verpflichtet dem Geist
des Marathon, den Häuten und der Zucht
des freien Marktes, sind dazu da, daß wir nicht
nur reden: Die Sprache ist doch nur ein Versuchsballon
für Feiglinge, ein Umweg des gestaltenden Willens.

Und sie sagen: diese und jene Bank, BA-CA,
soll profitabler werden, die «grenzüberschreitenden»
Geschäfte, die Rendite müssen steigen,
von 8 auf 13 Prozent, und sie entscheiden
und setzen frei, wie sie das nennen:
Befreien Menschen von der Abhängigkeit
ihrer Einkünfte, man gewährt ihnen, generös,
die Freiheit, abzusteigen ins Nichts.

III
In dieser Fäulnis, in der das Wort «Reform» –
großes Wort, zu dir beten und flehen wir, heischend und heiter –
zur Keule wurde, Krebsfraß die Zellen der Sprache
zerstört, erhöhen die Priester der Gier
täglich die Dosis, die Ration an Zynismus:
In den *Think-Tanks* bereiten sie vor systematisch
von Arbeit und allen Dingen Entledigte, beseeltes Treibholz
kreisend im Sog, der jeden *modus vivendi* verwüstet,
Verdammte auf der Flucht vor vergifteten Lüften
sich fügend, zum Absprung bereit.

Das Wort bietet Asyl jedem Gedanken
dem geradlinigen wie dem krummen,

es vermag nichts gegen getarnte Willkür
und offene Gier.

22. 2. 2004

Anmerkungen:
formosi nec sunt nec decentes: «*sind weder wohlgestalt noch anmutig*».
verpflichtet (...) den Häuten (...) des Freien Marktes, (...): *Anspielung auf die Redewendung «die eigene Haut zu Markte tragen»*.

Der Rabe gilt im Glauben vieler Völker als Unglücksvogel, der Tod und Krieg ankündigt. Raben sollen Land finden können, wenn sie übers Meer fliegen (Noah). Auch die im 9. Jahrhundert aussegelnden Wikinger sollen Raben an Bord gehabt haben, die ihnen Land anzeigten.

Die Bank Austria Creditanstalt plant einerseits die Entlassung von 1400 Angestellten, andererseits die Erhöhung der Eigenmittelrendite von 8 auf 13 Prozent. «Die BA-CA hat ein enormes Potenzial, denn sie hat mit Osteuropa die stärksten Märkte, die es gibt. Sind wir dort erfolgreich, können die Erträge stärker wachsen als in Bayern oder Österreich. (...) Jedes grenzüberschreitende Geschäft muss bei uns landen.» (Aufsichtsratspräsident Gerhard Randa am 2. 2. 04 im «Standard»). Am 28./29. 2. schaltet dieselbe Bank eine ganzseitige Selbstdarstellung im «Standard». Unter dem Titel «Österreichs größte Bank ist so stark wie nie zuvor» wird das «grenzüberschreitende Geschäft» konkretisiert: «Profitables Osteuropageschäft: Seit 2000 von 9 Milliarden auf 23 Milliarden Euro ausgebaut.»

Am 26.Februar steigt der Kurs der Telekom-Aktien (durch Marktmanipulation) plötzlich von 11,66 auf 11,73 Euro. Tags darauf fällt die Aktie wieder unter 11,70 Euro. Der Hintergrund: Das Optionsprogramm ergibt durch den Anstieg auf über 11,70 Euro ein Zubrot von 9 Millionen Euro für 98 Manager. Alle anderen Mitarbeiter und Angestellten von Telekom erhalten davon keinen Cent.

Asyl II

für Monika und Gunther Trübswasser

Aus den schwarzen Flecken der Morgendämmerung
wuchsen bei Tageslicht Gäste,
auf Kehlen und Brüsten rotgelb gefleckte,
die Köpfe wie mit Eisenspänen beschneit
und kastanienbraun ihre Rücken.
Sie hocken im Schnee, gesellig, als Schwarm
unterm Apfelbaum, dessen Frucht
im Herbst Bauern und Passanten verschmähten.

Die Drosseln aus dem Karst im Südosten,
wo der Wacholder in den blauen Himmel wächst,
wissen was der Schnee verbirgt. Trete ich vors Haus
zeigen sie, scheu wie sie sind, das Blaugrau
ihrer Bürzel und das flaumige Weiß der Unterflügel.
Sie flattern in die Kronen benachbarter Birnbäume,
von dort sie jede meiner Bewegungen verfolgen.
Ich mache es ihnen leicht, kehre
zurück in meine Höhle, und durch das Fenster,
aus der Mitte eines großen Schattens,
werde ich sie beobachten, wie sie
zurückkehren, einzeln, zögerlich, dann in Gruppen:
Sind sie nicht schön, im frischen Schnee,
jenseits des Schwarzdorns, in fremder Umgebung,
in ihrer Haltung so wachsam und aufrecht?

26. 2. 2004

Star Look Express*

Scheinwerfer richten sich auf neue
Gesichter, heizen auf die Begeisterung,
aber all das Licht, das richtende,
die grellen Bilder, all das Glatte
und all die Perlenketten lachender Zähne
sind nur die Kehrseite einer Münze,
die ein uralter Hammer prägt.

Auf der Suche nach Liebe
legen wir unsere Kleider ab,
während die Welt, rauh und
schwer wie ein Stein, der nächtens
auf einem Grat sich löst, leise
pfeifend, Funken schlagend
in eine bodenlose Tiefe fällt.

Juni 2004

* *Aus der Werbewelt*

Zum Tod eines Präsidenten

Gelegenheit zum Heucheln
bieten andere Vorzeichen,
eine andere Umgebung,
vornehmlich der Auftritt des Todes.

Wer oder was füllt die Kluft
zwischen der in Schrift und Bild
vorgetragenen Erkenntnis und
jener anderen Wirklichkeit, geformt
vom Recht und dessen Beugung?

Das Geschwätz übertüncht alles.
Unterhaltung und Bequemlichkeit
verwischen jede Spur
reinster Prägung.

9. Juli 2004

Ökonomie

Wo einst waren Wälder
weiden jetzt Rinder.

Der Goldpreis steigt.
Der Holzpreis fällt.
Der Luftdruck schwankt.

Er prüft den Widerstand
menschlicher Behausungen.

14. Aug. 2004

Der Erfolg dieses Vorhabens hängt ganz von Ihnen ab*

Auge und Ohr werden müde
und lassen sich übertölpeln
von jenen lärmenden Zuhältern
die das Blaue vom Himmel versprechen
und schrill auf ihren Pfeifen blasen.

Nicht daß sie Messer schärften
am Schleifstein aber eine Schale
Wasser steht bereit
         für ihre Hände.

15. Aug. 2004

---

* *Der Titel wurde einer Werbebroschüre entnommen*

Verhöre

Der Victoriabarsch
    verhört dich
der alte Mostbirnbaum
die Scheck- und Bankomatkarteneuphorie
und das Papier des Fahrscheinautomaten

Der Heringsalat
    verhört dich
die Dieselzapfsäule
das zerbröselnde Mostfaß aus Eichenholz
und das Billigfliegerticket

Das Kalbsschnitzel
    verhört dich
die Blindenstockmanufaktur
die Apfelbaumallee
und die Baumwollunterwäsche

All diese Dinge, variiert
    verhören dich
mit ihrer Geschichte
die auch die deine
ja auch die deine tangiert.

Dem Geflecht aberwitzigster Mitschuld
entkommt keiner.
Die Grauzonen dringen in jede Seele.
Da hilft auch kein Verreisen.
Diese Umschnürungen sind gleichzusetzen
mit dem Erlebnis von Ohnmacht.

März 05

Šumava/Böhmerwald

für Hannes Stelzhamer

Gegen Ende unseres Gehens
heben wir die Füße wie Flügel
aus den blühenden Sträuchern

Und betrachten von einer Anhöhe

Windschiefes Gemäuer, vor dem Männer
mit Schärpen und hohen Hüten
über die Nationalität der Winde sich streiten.

Glöckelberg/Oberplan, Mai 2005

Nicht in die Tiefe

Jedes Geschäft geht
        in die Breite.
Von oben nach unten
    fällt der Groschen
        nicht mehr.

Leere Blütenköpfe drehen
    sanft ihre Waagschalen
        quer zum Verkehr

Dessen Schall
    über alle Schutzwälle dampft.
Alles dicht.
    Auch Schraffuren.

Wir versteinern. Vor uns
    und hinter uns
        Uhren.

8. 6. 2005

Inhalt

I

Fragen 6
Fragment 7
Im Morgenkopf 8
Hommage à Descartes 9
Erntedank 10
Lebensweg 11
Selbstbefragung oder red' nicht so einen Stiefel 12
Toter Dichter 13
Sie rappen um die Wette 14
Form follows fun 15
Bilderreigen wild geschnitten 16
Fingerzeig 17
Nachdem 18
Gedicht nach dem Objekt «Vitrine mit Kartoffelkraut» 19
Vom Entstehen und Verschwinden 21
Inventur 22
Marktlage 23
Zur Dialektik nützlich: nutzlos 24
Mensch 25
Zugleich 26
Am Bauch liegend 27

II

Bedeutend das Unbedeutende 30
Eros und Gaspedal 31
Landschaft 32
Nebenerwerb 33
Junggesellenmaschinerie 34
Am Rand der Regentonne 35
Der Papst bereitet die nächste Seeligsprechung vor 36
Späte Gespräche 37
Abgang 38
Wider die abendländische Vergeßlichkeit 39

Au 40
Vermächtnis und Wegerecht 42
Der alte Hof 44
Exit Engerwitzdorf 45
Gott ist dieses Ungeheuer Lärm 46
Rauchsäulen, Raben 47
Die Kälte aufrecht halten 48
Piranesi strichelt an der Gusen 49
Alles Sense 50
Martin Laimbauer 51
Langfeld Abschlag Hauslüss 52
Gemischtwarenhandlung 53
Verlängerung der Qual 54
Oktoberschnee 55
Das Herz 57
«Ordnung muss sein!» 59
Begradigt 60
Birnbäume 61
Fangzeit 62
Singend scharren die Hühner 63
Die Wege der Hühner 64

III

Christa, fünfeinhalb 66
Mandeln 67
Erinnerung an Connemara 68
Wehmut 69
Gestalt unter Figuren gestaltet 70
Werkstatt 71
Fränkischer Parnaß 73
Begräbnis 76
Kulm. Spaziergang mit Peter Hodina 77
Jiří Wolker 79
Maxim Vengerov 80
Erinnerung 82
Vollmondmäuse 83

IV

Wie lange 86
Bilderglück 87
Jetzt beginnt die Wildnis 88
Schlaflose Nacht 90
Landschaft bei Otrokovice 92
Villa Müller von Adolf Loos 93
Nächtens im Halbschlaf 94
Bilderschlinge 95
Totes Gebirge 96

V

Wintersonne zweigeteilt 100
Brüchig der Frühling 101
Kaulquappen 102
Frühling 103
Wind bläst 104
Licht, letzter Aufprall 105
Schmetterling 106
Frühsommer auf der Reitling 107
Sonnenwende 108
Wie spielerisch in Einklang 109
Fast ein So nett 110
Bach im Frühlicht 111
Noch schmecken die Schlehen säuerlich 112
Wenn der Hahn kräht 113
Am Rande 114
Der Grasfilz reiferstarrt 115
Der Hahn pickt Schnee 116
Rest von Glück 117
Schwarzweißgedichte 118
Zu zweit/vor kahlen Bäumen 120

VI

Aug in Aug 122
Im Takt des fallenden Tropfens 123
Versuch über das Unfaßbare 124
«Lebensabend» 125
Wie der Radiosprecher es nannte 126
Sich fügen 127
Wie, Demokratie? 129
Winterhirn, äugend 130
Ist das noch Sprache 131
Zur Situation 132
Letzte Ölung 133
Frühlingsbeginn 134
Gift 135
Mauthausen 136
Eingeläutet ungehört 139
Dezember 140
Lungitz, Gusen III (Lagerbäckerei) 142
Die Eulen erwachen 143
Asyl I 144
Asyl II 147
Star Look Express 148
Zum Tod eines Präsidenten 149
Ökonomie 150
Der Erfolg dieses Vorhabens hängt ganz von Ihnen ab 151
Verhöre 152
Šumava/Böhmerwald 153
Nicht in die Tiefe 154

Originalausgabe

Die Gedichte entstanden zwischen 1996 und 2005
Umschlag: Arbeit von Richard Wall, «Am Rande», 2005, ca. 30 × 20 cm

Gedruckt mit Unterstützung des Landes Oberösterreich,
der Stadt Linz und der Gemeinde Engerwitzdorf

Bibliografische Information Der Deutschen Bibliothek
Die Deutsche Bibliothek verzeichnet diese Publikation in der
Deutschen Nationalbibliografie; detaillierte bibliografische Daten
sind im Internet über http://dnb.ddb.de abrufbar.

Alle Rechte vorbehalten
© 2006 Rimbaud Verlagsgesellschaft mbH
Postfach 10 01 44, D-52001 Aachen
Einbandgestaltung: Jürgen Kostka, Aachen
Satz: Walter Hörner, Aachen
Korrektorat: Karin Dosch
Druck und Bindung: Fuldaer Verlagsanstalt
Schrift: Stempel Garamond
Säurefreies Papier
Printed in Germany
ISBN-13: 978-3-89086-606-2
ISBN-10: 3-89086-606-9
www.rimbaud.de